50 postres sin azúcar

recetas aptas para diabéticos

Noelia Herrero
Dulces Diabéticos
www.dulcesdiabeticos.com

50 Postres para diabéticos.
1ª Edición. Diciembre 2016
ISBN: 978-84-617-7084-7
Noelia Herrero - Dulces Diabéticos
www.dulcesdiabeticos.com

Contenidos

Introducción
Sobre Dulces Diabéticos

Dulces Diabéticos nace en un equipo joven, amante de los dulces y los postres. Conscientes de la cantidad de gente diabética que existe actualmente y la creciente preocupación de otros muchos por su dieta, se lanza el blog en **www.dulcesdiabeticos.com** con la finalidad de poner al alcance de cualquiera que lo necesite una gran variedad de recetas y otra información útil sobre postres y dulces sin azúcar, para que todo el mundo pueda disfrutar de aquello que le gusta sin tener que preocuparse de nada más.

Aprendemos juntos cada día, compartiendo nuestras experiencias, opiniones, logros y fracasos en la cocina. Tenemos la suerte de contar con una gran comunidad que nos ayuda a ayudar a las personas con diabetes, ¡y por ellos vale la pena todo!

Sobre nuestros postres

Sabemos que es difícil encontrar recetas para personas con diabetes, y más si se tratan de postres y dulces, que llevan azúcar. Por eso nace Dulces Diabéticos, un sitio donde encontrarás montones de recetas de postres aptos para diabéticos. Ahora, además, seleccionamos **nuestras mejores 50 recetas en este libro**.

Intentamos adaptarlas lo mejor que podemos. Para empezar, **eliminamos por completo el azúcar** de todas nuestras recetas, sustituyéndolo siempre por edulcorantes naturales, como la stevia o la sucralosa. Os daremos siempre la cantidad en stevia, y si ponéis sucralosa será el doble. Además, os daremos siempre las cantidades de edulcorante de manera aproximada, porque a cada paladar le gusta una intensidad distinta de dulzor. Todas las recetas con chocolate se refieren a chocolate edulcorado, sin azúcar.

Además, también **intentamos controlar el aporte glicémico** de nuestros postres, es decir, la cantidad de hidratos de carbono que tienen (ya que elevan nuestro nivel de azúcar en sangre o glucemia). Por esta razón, intentamos hacer postres cuyas raciones tengan el menor número de hidratos de carbono posible y utilizamos siempre **harina de trigo integral** o de centeno, que tienen menos HC que la harina refinada. Las cantidades son siempre para harina de trigo integral, pero podéis utilizar también de centeno o de avena.

Por último, **reducimos las grasas** de nuestros postres lácteos utilizando siempre leche desnatada, nata con un 14,2% MG, mantequilla light y quesos con una baja proporción de materia grasa. El queso crema que usamos es tipo Philadelphia. El aceite al que nos referimos en las recetas es de oliva suave o de coco.

Cada persona con diabetes es distinta y es muy difícil poder hacer recetas a gusto de todos, pero lo intentamos y seguimos luchando por mejorar día a día. Es importante que cada persona tenga claro cuáles son sus necesidades y hable regularmente con su **médico**, ya que éste es quien mejor la conoce y por tanto mejor podrá aconsejarla.

Consejos para controlar la diabetes

La **diabetes** es una de las enfermedades más extendidas mundialmente. Se estima que hay más de 150 millones de personas con diabetes él en mundo, según la Organización Mundial de Salud (OMS), esa cantidad puede doblarse hasta 2025.

Aún no es conocida la causa de la diabetes tipo 1, aquella que surge en la infancia y en la adolescencia y el paciente no produce insulina, pero, sin embargo, se sabe que una de las causas de la diabetes tipo 2 es la **obesidad**. Quien no come bien y gana mucho peso, consecuentemente aumenta el riesgo de desarrollar diabetes. Los hombres con una cintura superior a 88 centímetros y las mujeres con una cintura mayor a 102 centímetros, se pueden considerar personas con altas posibilidades de padecerla. El sedentarismo, junto con el exceso de peso, es un factor que también eleva las posibilidades de padecer diabetes, o agravarla si ya se tiene.

Quien está por encima del peso recomendado y quiere perder algunos kilos, debe **sustituir los alimentos con alto índice glicémico por otros de bajo índice glicémico** (es decir, que contienen menos hidratos de carbono). Por ejemplo, cambiar el arroz blanco por el integral, o la harina refinada por harina integral.

La alimentación actual de la mayoría de las personas no es nada saludable. Hoy en día se consumen en exceso alimentos ricos en grasas saturadas, hidratos de carbono procesados y azúcar blanco, y estos hábitos alimenticios son fuertes aliados para empeorar la diabetes.

El **desayuno**, debe tener un carbohidrato rico en fibras (los integrales), el consumo de proteínas – leche y derivados (desnatados), edulcorante si queremos endulzar algo (nosotros siempre recomendamos stevia o sucralosa), y también una fruta. En las **meriendas**, debemos evitar las grasas saturadas y el azúcar blanco, y no sólo los adultos deben seguir esta regla. La alimentación de los niños, por ejemplo, normalmente es un espejo de la alimentación en casa: los más peques de la casa, de dos a tres años, empiezan a formar sus hábitos alimenticios, y si la familia come mal, es muy probable que los niños también se alimentaran incorrectamente. cuando sean adultos.

Así, para poder controlar la diabetes y estar en unos buenos niveles de salud, es importante tener una alimentación variada, con horarios establecidos entre las comidas (lo ideal es que sean 5), controlando siempre la cantidad de hidratos de carbono que ingerimos, prefiriendo siempre que su ingesta se produzca por la mañana o al mediodía, ya que así tenemos todo el día para convertirlos en energía.

Resumiendo, las **claves para controlar la diabetes** son:

- Controlar el peso: alimentarnos saludablemente es la clave.
- Tener una alimentación variada, ya que ayuda a la absorción de todos los nutrientes necesarios.
- Cambiar carbohidratos simples por integrales, ya que se convierten en glucosa rápidamente en la sangre, elevando la glucemia.
- Evitar una vida sedentaria, y practicar deporte moderado 2-3 veces por semana.
- Consultar a un médico siempre que tengamos dudas, ya que cada persona es un caso distinto.

Azúcar glass o azúcar impalpable

Preparación
5 minutos

Cocción
0 minutos

Rendimiento
90gr

Raciones
s/c

INGREDIENTES

• 1/2 taza de leche en polvo (60gr)
• 1/4 taza de stevia granulada (20-30gr) o 1/3 taza de sucralosa en polvo (35-40gr)

INSTRUCCIONES

Ponemos la stevia o la sucralosa en la picadora, y la picamos hasta que quede muy muy fina. Ojo al abrir la picadora, porque saldrá un humo blanco de la stevia picada, ¡cierra la boca o prepárate para toser!

En un bol, mezclamos bien la leche en polvo y la stevia. Una vez mezclado todo, lo tamizamos tres veces para que quede bien fino. Sí, tres veces, cuesta bien poco y queda mejor.

Lo colocamos en un bote de cristal con cierre hermético para que se conserve mejor, ¡y listo para usar!

Puedes usarlo para decorar o para hacer glaseado para pasteles, donuts, etc., mezclándolo con un poco de agua hasta conseguir una pasta líquida.

Fruta en almíbar

Preparación	Cocción	Rendimiento	Raciones
60 minutos	60 minutos	1 pastel	4 personas

INSTRUCCIONES

Ponemos una olla o cacerola al fuego con el agua, a fuego lento junto con la stevia y la piel de la fruta hasta que hierva y se haga el almíbar.

Añadimos la fruta pelada y deshuesada, y la cocemos durante unos 5-8 minutitos, para que estén en su punto justo y no se deshagan.

Retiramos la fruta y la vamos metiendo en un recipiente hermético (si es de cristal, mejor), y luego rellenamos el recipiente con almíbar hasta el borde. Si ves que está muy líquido, puedes hervir las pieles un poquito más para que espese, sin los melocotones (yo lo he hecho). Lo echamos en el recipiente junto con la fruta hervida.

Cerramos bien el recipiente, y lo dejamos que se enfríe a temperatura ambiente.

INGREDIENTES

- Agua para cubrir la fruta
- 4 melocotones
- 10 cerezas (opcional)
- 6-10gr stevia

Bizcocho de café

Preparación
20 minutos

Cocción
30 minutos

Rendimiento
1 bizcocho

Raciones
12 personas

INGREDIENTES

- 160gr de harina
- 1 sobre de levadura - 16gr
- 3 huevos M/L
- 110gr de mantequilla light
- 1 cucharada aceite
- 20gr de stevia
- 100ml de café
- 2 cucharaditas de chocolate en polvo sin azúcar
- Una pizca de sal

NUTRICIÓN

Cada ración contiene:
144,22 kcal / 10,18gr HC

INSTRUCCIONES

Precalentamos el horno a 180º. En un par de bols, separamos las claras de las yemas. En el bol de las yemas, añadimos la mantequilla fundida, el aceite y la stevia, y batimos con unas varillas.

Añadimos la harina y la levadura junto con una pizca de sal, y mezclamos hasta tener una masa homogénea. Añadimos el café ya preparado, y mezclamos bien hasta que no haya grumitos.

Recuperamos el otro bol con las claras, las montamos a punto de nieve y las agregamos a la mezcla que teníamos. Una vez esté todo bien mezclado, lo ponemos en un molde que habremos engrasado previamente con un poquito de mantequilla.

Horneamos 30min a 180º. Recuerda la prueba de fuego: si clavas un palillo en el centro del bizcocho y sale limpio, ya lo tienes.

Bizcocho de calabaza para Halloween

Preparación
50 minutos

Cocción
35 minutos

Rendimiento
1 bizcocho

Raciones
16 personas

INSTRUCCIONES

Limpiamos la calabaza y la cortamos en dados pequeños, de 1,5cm de ancho aprox. La hervimos a fuego medio-alto durante unos 20min, hasta que esté blandita. Hacemos un puré triturándola con la batidora.

Precalentamos el horno a 180º. En un bol, batimos los huevos junto con la stevia. Añadimos el aceite y mezclamos bien con las varillas. Agregamos la harina tamizada y la levadura, y lo mezclamos. Por último, añadimos el puré de calabaza que habíamos preparado antes, y acabamos de mezclar, hasta conseguir una masa homogénea y sin grumos.

Engrasamos un molde con un poco de mantequilla light. Añadimos la masa, repartiéndola bien por todo el molde, y horneamos a 180º durante unos 35min, dependiendo del horno.

Decoramos con chocolate sin azúcar haciendo una telaraña.

INGREDIENTES

• 250 de calabaza (limpia y sin semillas)
• 250gr de harina
• 4 huevos M
• 75ml de aceite
• 20gr de stevia
• 1 sobre de levadura - 16gr
• Una cucharadita de canela (opcional)
• Un poco de mantequilla light

NUTRICIÓN
Cada ración contiene:
147,94 kcal / 9,68gr HC

Bizcocho de frutos rojos

Preparación
30 minutos

Cocción
30 minutos

Rendimiento
1 bizcocho

Raciones
16 personas

INGREDIENTES

• 1 yogur natural desnatado
• 1 medida de yogur de aceite de oliva suave
• 3 medidas de harina
• 3 huevos M
• 1 sobre de levadura - 16gr
• 1 cucharada de stevia
• Una cucharadita de vainilla
• Unos 300gr de cerezas y frambuesas (c/n)
• Un poco de mantequilla

NUTRICIÓN
Cada ración contiene:
123,55 kcal / 14,55 HC

INSTRUCCIONES

En dos bols, separamos las yemas de las claras. En el bol de las yemas, añadimos el yogur, el aceite (usando el envase del yogur como medidor), la stevia y la vainilla. Batimos y mezclamos bien. Añadimos ahora los ingredientes secos (3 vasos de harina, la levadura), y volvemos a mezclar. Quedará una pasta espesa.

En el otro bol, montamos las claras. Las agregamos a la mezcla en el otro bol con movimientos envolventes de fuera hacia dentro. Lavamos y cortamos las frambuesas y las cerezas en trozos no muy pequeños, y las añadimos a la masa, mezclando bien. Untamos un poco de mantequilla light (u otro engrasante) en el fondo y los laterales de un molde.

Habiéndolo precalentado previamente, ponemos el horno a 180º y horneamos nuestro bizcocho de cerezas durante 30min. Dejamos enfriar y servimos.

Bizcocho de manzana

Preparación	Cocción	Rendimiento	Raciones
20 minutos	35 minutos	1 bizcocho	12 personas

INSTRUCCIONES

Precalentamos el horno a 180º. Pelamos y cortamos las manzanas en dados pequeños, y los ponemos en un cazo a fuego medio con un poco de agua. Apartaremos unos cuantos para ponerlos dentro del bizcocho. Hervimos hasta que queden bien blanditas, y trituramos. Reservamos.

En un bol, batimos las yemas de los huevos, la stevia y el yogur. Añadimos la harina usando como medidor el vaso del yogur que se ha quedado vacío (3 medidas de yogur), meclamos bien, agregamos la levadura, el aceite y una pizca de sal, y volvemos a mezclar.

Añadimos el puré, mezclamos, las claras montadas, y por último los trocitos de manzana. Siempre con lengua de gato para que no baje.

Vertemos la masa en un molde engrasado, y horneamos a 180º durante aproximadamente 35min. Dejamos enfriar y desmoldamos.

INGREDIENTES

• 2 manzanas golden
• 3 huevos M
• 1 yogur natural desnatado
• 3 medidas de yogur de harina integral (200gr)
• 1 cucharada de aceite
• 30gr de stevia
• 1 sobre de levadura - 16gr
• Una pizca de sal
• Mermelada al gusto
• 2 cucharaditas de agua

NUTRICIÓN
Cada ración contiene:
121,76 kcal / 11,04 HC

Bizcocho natural

Preparación
40 minutos

Cocción
35 minutos

Rendimiento
1 bizcocho

Raciones
16 personas

INGREDIENTES

- 3 huevos M
- 1 yogur natural desnatado
- 3 medidas de harina
- 1 medida de aceite
- 20-30gr de stevia
- 1 sobre de levadura - 16gr
- Un poco de mantequilla
- La ralladura de un limón
- Una pizca de sal

NUTRICIÓN

Cada ración contiene:
127,44kcal / 10,79gr HC

INSTRUCCIONES

En un bol, echamos las yemas y añadimos el yogur (guardamos su vasito para medir). Añadimos una medida de yogur de aceite, el edulcorante y la ralladura de limón, y batimos bien junto con las yemas. Añadimos 3 medidas de harina tamizada y la levadura, y mezclamos.

Batimos las claras a punto de nieve y las añadimos a la mezcla anterior con una lengua de gato y movimientos envolventes para que no se bajen.

Vertemos la mezcla sobre un molde engrasado con mantequilla, y horneamos unos 30-40min a 180º, con el horno previamente precalentado.

Para comprobar si está hecho, clavamos un palillo en el centro: si sale limpio, apagamos el horno y dejamos enfriar dentro unos 10min más para que no se baje. Desmoldamos y servimos.

Brownie de chocolate

Preparación
45 minutos

Cocción
30 minutos

Rendimiento
24 brownies

Raciones
24 personas

INSTRUCCIONES

Precalentamos el horno a 180º. En un cazo a fuego medio, derretimos la mantequilla junto con los dos chocolates. Dejamos enfriar un poco.

En un bol, mezclamos este chocolate con los huevos, la harina, el aceite, la vainilla y la stevia. Removemos hasta conseguir una crema homogénea. Añadimos las nueces de macadamia (o los frutos secos que queramos) troceados a la masa, y mezclamos bien.

Engrasamos un molde cuadrado, vertemos la masa y horneamos a 180º durante 40min.

Dejamos enfriar, desmoldamos y cortamos en cuadrados pequeños. Puede servirse acompañado de una bola de helado de vainilla sin azúcares para potenciar su sabor.

INGREDIENTES

• 50gr de chocolate para fundir sin azúcar
• 100gr de cacao en polvo
• 125gr de mantequilla
• 20gr de stevia
• 100gr de harina
• 2 huevos M
• 1 cucharada de aceite
• 2 gotitas de vainilla
• Un puñado de nueces

NUTRICIÓN
Cada ración contiene:
91,82 kcal / 7,67gr HC

Bombones de chocolate rellenos de fresa

Preparación
10 minutos

Cocción
10 minutos

Rendimiento
12 bombones

Raciones
6 personas

INGREDIENTES

• 100gr de chocolate negro sin azúcar
• 50ml de nata líquida para montar
• Mermelada de fresa sin azúcar
• 1 fresa

NUTRICIÓN
Cada bombón contiene:
58,42 kcal / 4,46gr HC

INSTRUCCIONES

En un cazo a fuego medio, derretimos el chocolate con la nata, removiendo bien para que no se queme. Cuando tenga una textura homogénea y cremosa, lo retiramos del fuego.

Servimos la mitad del chocolate hasta la mitad de los moldes, a poder ser con forma de corazón. Colocamos con cuidado y la ayuda de una cucharita un poco de mermelada y unos trocitos pequeños de fresa (previamente lavada). Servimos el resto de chocolate negro encima de los trocitos de fresa, hasta cubrir el molde por completo. Es importante que quede liso, así que asegúrate de aplanarlo con una espátula o lengua de gato.

Guardamos el molde en la nevera y dejamos enfriar durante unas 2h por lo menos. Desmoldamos con cuidado. Ya tienes tus originales bombones de fresa y chocolate sin azúcar.

¡Ahora toca esmerarte con el regalo! Mételos en una cajita bonita y acompáñalos de una postal o tarjeta, serán el regalo ideal para San Valentín. ¿Por qué son el regalo ideal?

- Porque son muy fáciles y rápidos de preparar, cualquiera puede hacerlos
- Porque no tienen azúcar y todo el mundo puede disfrutarlos
- Porque son originales y combinan unos sabores riquísimos
- Porque el chocolate y las fresas son afrodisíacos (o eso dicen)
- Porque los puedes poner en una cajita y quedan monísimos
- Porque los has hecho tú, con cariño
- Porque le encantarán

TIPS

Puedes usar el chocolate que más te guste (o *le* guste), siempre y cuando sea sin azúcar. También puedes rellenarlos de la fruta que prefieras: naranja, mandarina, plátano... ¡prueba nuevas combinaciones!

Chocolate caliente con especias

Preparación	Cocción	Rendimiento	Raciones
3 minutos	2 minutos	2 tazas	2 personas

INGREDIENTES

• 400ml de leche desnatada/descremada
• 2 cucharadas soperas de chocolate a la taza sin azúcar
• 1 pizca de jengibre en polvo
• 1 pizca de nuez moscada
• 1 pizca de canela
• Unas gotas de esencia de vainilla (opcional)

NUTRICIÓN

Cada taza contiene:
96,8 kcal / 9,7gr HC

INSTRUCCIONES

Calentamos la leche en el microondas, en una taza grande. Con un minuto a máxima potencia, es suficiente.

Añadimos el chocolate en polvo y las especias, y removemos hasta que no queden grumitos y se haya disuelto todo bien. Podéis usar cualquier chocolate en polvo sin azúcar. Si utilizáis cacao puro en polvo, tendréis que añadir también stevia o sucralosa al gusto, porque sino estará muy amargo.

Opcionalmente, podemos añadir unas gotitas de vainilla, que le dan un sabor súper rico. Y para los más atrevidos... una pizca de pimienta.

Una vez esté todo mezclado, lo metemos en el micro otros 20 segundos. Servimos en dos tazas.

Nutella Casera

Preparación
10 minutos

Cocción
10 minutos

Rendimiento
300gr

Raciones
10 personas

INSTRUCCIONES

Trituramos las avellanas tostadas y peladas en la picadora a máxima potencia. Verás que al principio se hace un polvito (y pensarás, le van a quedar trozos), pero no! Si sigues picando, se creará una pasta que será cada vez más cremosa.

Ponemos la crema de avellanas junto con el resto de ingredientes en un cazo pequeño a fuego medio. No es que haya que cocinar nada, pero ponerlo en caliente hará que los ingredientes se mezclen mejor. Vamos removiendo hasta que consigamos que la crema haya espesado un poco, manteniendo el fuego medio. Durante toda la preparación, la lengua de gato será tu amiga para ayudarte a no perder nutella por el camino.

Servimos la crema en botes de cristal, dejamos atemplar durante unos 10 minutos, y luego los guardamos en la nevera durante por lo menos 2 horas. Untamos donde queramos y degustamos.

INGREDIENTES

• 100gr de avellanas tostadas sin piel
• 50ml de aceite de oliva o de coco
• 100ml de leche desnatada
• 50gr de cacao en polvo sin azúcar
• 1 cucharada de stevia
• 1 cucharadita de café de extracto de vainilla

NUTRICIÓN
Cada ración contiene:
129 kcal / 4,97gr HC

Trufas de café

Preparación
20 minutos

Cocción
2 minutos

Rendimiento
16 trufas

Raciones
8 personas

INGREDIENTES

- 300gr de chocolate
- 200ml de nata para montar
- 50ml de café (1/4 de vaso)
- Cacao y café en polvo (c/n)

NUTRICIÓN
Cada trufa contiene:
88,8 kcal / 6,24 HC

INSTRUCCIONES

Preparamos un cuarto de vaso de café. En un cazo a fuego medio, ponemos la nata y derretimos el chocolate, removiendo constantemente para que no se pegue o queme. Cuando tengamos una crema homogénea, apagamos el fuego, echamos el café y seguimos removiendo hasta que quede todo bien mezclado.

Ponemos la mezcla en un recipiente, lo tapamos y lo guardamos en el congelador 3 horas. Pasado este tiempo, preparamos la cobertura de las trufas. En un recipiente pequeño, ponemos una cucharada de chocolate puro en polvo sin azúcar con una cucharadita de café en polvo, y mezclamos bien con la propia cuchara.

Sacamos la masa del congelador, que estará dura pero manejable, y hacemos bolitas con ella, pasándolas por la mezcla en polvo que acabamos de preparar. Servimos o conservamos en el congelador.

Trufas de chocolate

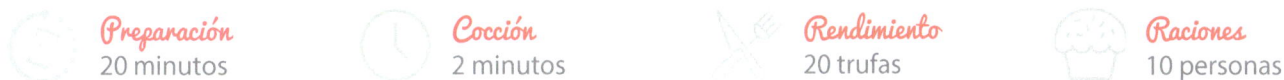

Preparación
20 minutos

Cocción
2 minutos

Rendimiento
20 trufas

Raciones
10 personas

INSTRUCCIONES

En un cazo a fuego medio, derretimos el chocolate (los dos) junto con la mantequilla. También puedes hacerlo en el microondas en golpes de 30s, removiendo con cuidado de que no se nos queme.

Montamos la nata en otro recipiente, y mientras se va templando el chocolate.

Añadimos la nata al bol donde teníamos el chocolate poco a poco, con una espátula o lengua de gato, y haciendo movimientos envolventes desde fuera hacia dentro para evitar que se baje.

Guardamos esta mezcla en la nevera durante una horita para que se quede una masa firme y manejable. Cuando ya esté firme, vamos haciendo bolitas con las manos, de unos 3cm de diámetro. Rebozamos las bolas con virutas de chocolate o lo que más nos guste y servimos.

INGREDIENTES

• 120 gr de chocolate negro sin azúcar
• 120 gr de chocolate con leche sin azúcar
• 190 ml de nata líquida para montar
• 1 cucharada de mantequilla light
• Ralladura de chocolate negro o virutas para decorar

NUTRICIÓN
Cada trufa contiene:
95,85 kcal / 6,36gr HC

Turrón de chocolate

Preparación
10 minutos

Cocción
2 minutos

Rendimiento
1 tableta (350g)

Raciones
12 personas

INGREDIENTES

• 150gr de chocolate con leche sin azúcar
• 100gr de chocolate negro sin azúcar
• 100ml de nata para montar
• Un poco de chocolate blanco (opcional, para decorar)
• Almendras picadas (opcional, para decorar)

NUTRICIÓN

Cada ración contiene:
139,37 kcal / 10,98gr HC

INSTRUCCIONES

En un cazo a fuego medio, derretimos el chocolate con leche junto con 50ml de nata, sin dejar de remover para que no se nos pegue al fondo del cazo. Cuando consigamos una crema homogénea, lo retiramos del fuego y lo colocamos en una manga pastelera. Repetimos este proceso con el chocolate negro y los otros 50ml de nata.

Utilizaremos un molde rectangular para hacer el turrón. Para decorar la parte superior del turrón, ponemos sobre el molde un poco de chocolate blanco deshecho, así como haciendo rayitas, y luego echamos unas cuantas almendras troceadas.

Servimos primero el chocolate con leche, repartiéndolo por todo el molde, y luego hacemos lo mismo con el chocolate negro. Guardamos el molde en la nevera y lo dejamos enfriar durante por lo menos 2-3h, desmoldamos y servimos o envolvemos para regalo.

Turrón quaker

Preparación	Cocción	Rendimiento	Raciones
15 minutos	5 minutos	1 tableta (520gr)	16 personas

INSTRUCCIONES

En un cazo o cacerola a fuego medio, ponemos la mantequilla junto con la leche, removiendo con unas varillas para que se mezcle bien y no se pegue. Cuando se haya fundido la mantequilla, añadimos el chocolate y la vainilla y seguimos removiendo hasta que quede todo bien mezclado y fino. Añadimos los copos de avena y seguimos removiendo 2min.

Sobre un trozo de papel de cocina, esparcimos con una lengua de gato una capa fina de la mezcla de chocolate. Para guiarte y saber cuánto tiene que ocupar, pon una galleta al lado y verás cómo de alto tiene que ser, y cinco a lo largo. Colocamos 5 galletas seguidas sobre el chocolate. Cubrimos con más chocolate, como si estuviéramos pintando, y repetimos tantas veces como queramos. Para acabar, ponemos más chocolate sobre la última capa de galleta y repasamos todos los bordes.

Guardamos en la nevera durante 4h, cortamos en trozos y servimos.

INGREDIENTES

• 15 galletas tipo cracker
• 200gr de chocolate en polvo o en tableta (2 tazas)
• 110gr de copos de avena cruda (1 taza)
• 50ml de leche desnatada
• 100g de mantequilla light o margarina ligera
• 10gr de stevia
• 1 cucharadita de vainilla

NUTRICIÓN
Cada ración contiene:
121,72 kcal / 11,87gr HC

Masa de crêpe

Preparación	Cocción	Rendimiento	Raciones
10 minutos	5 minutos	4 crêpes	4 personas

INGREDIENTES

- 50gr de harina
- 125ml de leche desnatada
- 1 huevo M/L
- Una pizca de stevia
- Un poco de mantequilla para engrasar la sartén

NUTRICIÓN

Cada crêpe rellena de melocotón contiene:
127,65 kcal / 9,34gr HC

INSTRUCCIONES

En el vaso de la batidora, ponemos todos los ingredientes. Batimos hasta conseguir una masa líquida sin grumos.

Ponemos una sartén antiadherente a fuego medio alto, con una pizca de mantequilla. Puedes ir tirando gotitas de masa, como cuando preparas una tortilla, para ver si está caliente.

Tiramos aproximadamente una cuarta parte de la masa sobre la sartén. Al minuto más o menos ya podremos darle la vuelta con una espátula, la hacemos por el otro lado, y la sacamos. Repetimos haciendo 3 crepes más.

Ponemos la fruta cortada en trocitos en medio de la crepe, enrollamos por ambos lados y servimos. Podemos cubrirlas con un poco de almíbar hecho con mermelada y agua caliente.

Tortitas con chocolate

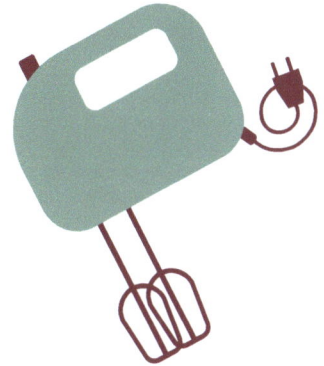

Preparación	**Cocción**	**Rendimiento**	**Raciones**
10 minutos	5 minutos	5 tortitas	5 personas

INSTRUCCIONES

En un bol, ponemos todos los ingredientes y batimos con unas varillas hasta que quede una mezcla homogénea y sin grumos. No hace falta tamizar la harina, pero si lo haces, mejor.

Ponemos una sartén a fuego medio-alto y derretimos un poco de mantequilla en ella (para que no se nos peguen las tortitas). Cubrimos con nuestra mezcla toda la sartén (cuanto más pongas, más gorda será la tortita). Nos vamos ayudando de una espátula para que no se peguen los bordes, y cuando éstos estén doraditos, le damos la vuelta.

Dejamos que se cocine por el otro lado, retiramos y servimos. Podemos decorar con chocolate, fruta, nata, etc.

INGREDIENTES

• 1 vaso de harina
• 1 vaso de leche desnatada
• 1 cucharadita colmada de levadura en polvo
• 1 huevo
• 2 cucharaditas rasas de stevia
• Un poco de mantequilla para engrasar la sartén

NUTRICIÓN
Cada tortita contiene:
127,86 kcal / 11,86gr HC

Flan casero

Preparación
20 minutos

Cocción
20 minutos

Rendimiento
4 flanes

Raciones
4 personas

INGREDIENTES

- 500ml de leche desnatada
- 3 huevos M
- 1 cucharada de stevia
- 1/4 de cucharadita de bicarbonato sódico (opcional)
- Una cucharadita de esencia de vainilla

NUTRICIÓN
Cada flan contiene:
210,47 kcal / 5,08gr HC

INSTRUCCIONES

Calentamos la leche en un cazo, sin que llegue a hervir. En un bol, agregamos los huevos junto con la stevia y la esencia de vainilla y batimos poco a poco. Vamos agregando la leche a este recipient, batiendo para evitar que los huevos se cuajen. Cuando esté bien batido, quitamos la espuma, en el caso de que nos haya salido.

Echamos una fina capa de caramelo sin azúcar (edulcorante + agua + unas gotas de aceite, todo calentado al microondas en golpes de 30 segundos hasta que burbujee) sobre el fondo de los moldes. Para que se unte bien por toda la superfície del molde, sólo tenemos que verter un poco de caramelo en el centro del molde e ir moviéndolo hacia los lados, para que suba por los bordes y se impregne bien.

Vertemos encima la masa con cuidado, para que no se salga el caramelo que acabamos de poner.

Precalentamos el horno y ponemos los moldes con el flan sin azúcar dentro. El tiempo de cocción será de unos 20-40 minutos a 170º, dependiendo del tamaño y profundidad del molde. Antes de sacar el flan del horno, lo pinchamos con un palillo y si sale completamente limpio quiere decir que el flan ya está listo. Piensa que es mejor bajar un poco la temperatura y que se haga bien, que tenerlo a una temperatura muy alta y que se queme.

Colocamos los moldes en el frigorífico y dejamos que se enfríen durante unas 2 horas. Cuando estén bien fresquitos, sólo tendremos que desmoldar, servir y disfrutar de nuestro riquísimo flan de huevo casero sin azúcar.

Podemos servir tal cual o con un poco de nata montada sin azúcar.

TIPS

Para disfrutar al máximo de su sabor, lo mejor es servirlo bien frío. Si no nos los vamos a comer el mismo día, podemos guardarlos en la nevera dentro de los moldes, y desmoldar en el momento en el que nos los vayamos a comer (se conservan hasta una semana en la nevera).

Flan de chocolate

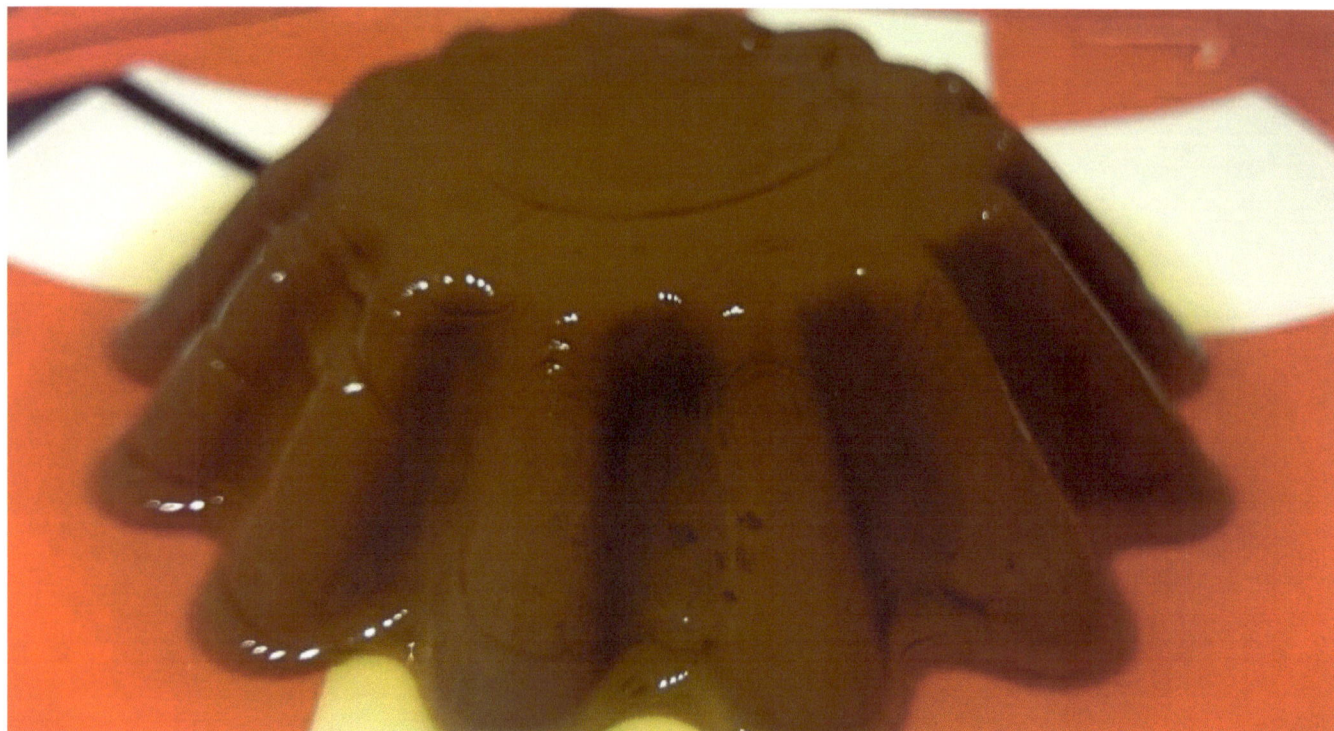

Preparación
10 minutos

Cocción
10 minutos

Rendimiento
4 flanes

Raciones
4 personas

INGREDIENTES

• 375ml de batido de chocolate sin azúcar
• 125ml de leche desnatada
• 1 sobre de preparado de flan
• Stevia al gusto

NUTRICIÓN
Cada flan contiene:
48 kcal / 5,8 gr HC

INSTRUCCIONES

En un bol pequeño, mezclamos el preparado de flan con la leche. Para que se integre mejor y no te salgan grumitos, lo mejor es tamizarlo. Ponemos el batido de chocolate en un cazo y calentamos a fuego medio-alto.

Cuando hierva, bajamos el fuego y añadimos la mezcla de flan y la stevia (al gusto). Cuando haya espesado, retiramos el cazo del fuego y reservamos. En otro cazo pequeño, preparamos un almíbar con agua y stevia o sucralosa. Yo he puesto 3 cucharadas soperas de agua y 3 cucharadas soperas de sucralosa. Vamos removiendo hasta que espese un poquito.

Repartimos este almíbar en los moldes o flaneras que vayamos a usar: nos servirá para que no se pegue el flan y lo podamos desmoldar bien. Vertemos con cuidado el flan en los moldes. Dejamos enfriar en la nevera durante por lo menos 2 horas, desmoldamos y servimos.

Puding de café

Preparación
20 minutos

Cocción
15 minutos

Rendimiento
480gr

Raciones
8 personas

INSTRUCCIONES

En un cazo a fuego medio, ponemos la leche a calentar, removiendo para que no se haga nata. Cuando esté caliente (pero sin llegar a hervir), añadimos la stevia, el café, la vainilla y el chocolate, y removemos para que se deshaga bien todo. Añadimos la harina de maíz tamizada para que dé consistencia pero sin hacer grumos. Si no la tamizas y te quedan grumitos, luego los tendrás que apartar. Mezclamos bien y apartamos del fuego.

En un bol, batimos los huevos y añadimos la mezcla que hemos preparado en el fuego, batiendo todo junto de nuevo. Una vez esté todo bien integrado, ponemos la mezcla en un molde.

Precalentamos el horno durante 15min a 180°, y horneamos durante 30min. Dejamos enfriar, desmoldamos y servimos.

INGREDIENTES

- 3 huevos M
- 250ml de leche desnatada
- 1 cucharada sopera generosa de café soluble
- 1 cucharadita de chocolate en polvo sin azúcar
- 1 cucharadita de harina de maíz (maizena)
- 1 cucharadita de vainilla
- 2 cucharaditas de stevia

NUTRICIÓN
Cada ración contiene:
121,98 kcal / 4,61gr HC

Manzanas asadas con canela

Preparación
15 minutos

Cocción
25 minutos

Rendimiento
4 manzanas

Raciones
4 personas

INGREDIENTES

• 4 manzanas (de la variedad que más te guste)
• 3 cucharaditas de stevia
• 4 ramitas de canela (o canela en polvo)
• Mantequilla

NUTRICIÓN

Cada manzana contiene:
59 kcal /9,8 gr HC

INSTRUCCIONES

Precalienta el horno a 180Cº.

Lava muy bien las manzanas y una vez limpias empieza a descorazonarlas (puedes ayudarte de un cuchillo aunque es más fácil si dispones de un descorazonador de manzanas). Impregna el interior de las manzanas con un poco de mantequilla y espolvorea la stevia por el interior y también por el exterior. A continuación introduce en cada uno de los agujeros de las manzanas una ramita de canela, o un poco de canela en polvo.

Colócalas en una bandeja de cristal o de metal especial para horno. Introduce la bandeja con las manzanas en el horno y cocínalas durante unos 25 min, hasta que estén blanditas.

Retira la bandeja del horno y esperara unos 10 minutos antes de colocarlas en el plato.

Gominolas de fruta

Preparación
20 minutos

Cocción
10 minutos

Rendimiento
20 gominolas

Raciones
7 personas

INSTRUCCIONES

En un cazo pequeño, ponemos el agua a fuego medio. Cuando esté caliente, añadimos la gelatina y removemos hasta que se haya disuelto bien. Si te gustan más suaves, pon menos gelatina, y si las prefieres duras pon más.

Añadimos el zumo y la stevia, y mezclamos. En mi caso, he usado puré de fresas. Puedes usar el zumo de la fruta que quieras, siempre y cuando no sea una fruta tropical (kiwi, mango...), porque no cuajan bien con la gelatina.

Opcionalmente, podéis echar un poquito de leche (una cucharada o menos), es para que quede más cremoso. Retiramos del fuego y, si ha quedado espumita, la quitamos con un colador. Servimos en moldes pequeños, de estos para bombones, y dejamos enfriar en la nevera durante por lo menos 3 horas. Desmoldamos y servimos.

INGREDIENTES

• 300ml de zumo o puré de fruta natural
• 200ml de agua
• 7-9 hojas de gelatina neutra / 15-20gr
• 3 gotas de stevia líquida
• Un chorrito de leche desnatada (opcional)

NUTRICIÓN
Cada ración contiene:
12,15 kcal / 2,52gr HC

Crinkles de chocolate

Preparación
35 minutos

Cocción
12 minutos

Rendimiento
40 galletas

Raciones
20 personas

INGREDIENTES

- 125gr de chocolate en polvo
- 110gr de harina
- 50ml de aceite
- 3 huevos M
- 80gr de mantequilla
- 1 cucharada rasa de stevia
- 6gr de levadura en polvo
- 2 cucharaditas de vainilla
- Una pizca de sal
- c/n de azúcar glass

NUTRICIÓN
Cada ración contiene:
121,01 kcal / 7,64gr HC

INSTRUCCIONES

Ponemos en un bol los huevos junto con el aceite, la mantequilla fundida, el edulcorante (stevia/sucralosa), la vainilla, y mezclamos bien con unas varillas. Añadimos el chocolate en polvo, y volvemos a mezclar. Añadimos la harina, la levadura y una pizca de sal, y mezclamos bien. Puedes mezclar con las manos, o usar una espátula y hacer movimientos desde fuera hacia adentro, como si estuvieras doblando la masa.

Como verás, la masa no queda muy compacta ni es muy manejable (es la gracia para que el interior de las crinkles quede bien jugoso), con lo que la guardaremos en la nevera durante una horita para que se endurezca un poco. Una vez fría, hacemos bolas con la masa y las vamos rebozando en azúcar glass sin azúcar.

Colocamos las bolas rebozadas en la bandeja del horno (con papel de horno), y horneamos durante 12min a 180º. Dejamos enfriar y servimos.

Galletas de almendras

	Preparación		Cocción		Rendimiento		Raciones
	20 minutos		15 minutos		60 galletas		20 personas

INSTRUCCIONES

Precalentamos el horno a 170º mientras preparamos las galletas. En un bol, batimos las claras de huevo hasta montarlas (hasta que puedas cogerlas con una cuchara, girarla y que no se caiga). Añadimos la stevia y la vainilla, y volvemos a batir, para que no se bajen las claras.

Molemos las almendras hasta conseguir que estén finitas (yo he usado la picadora de la batidora). Añadimos las almendras picadas a las claras, mezclándolas con movimientos envolventes, desde fuera hacia dentro.

Colocamos la mezcla en una manga pastelera, y la colocamos en la bandeja del horno en pequeños montoncitos redondos, sobre papel de horno para que no se peguen. Colocamos encima una o dos almendras enteras para decorar, como más te guste. Horneamos durante unos 15-20min, hasta que estén doradas. Dejamos enfriar y servimos.

INGREDIENTES

• 3 claras de huevo
• 125gr de almendras crudas (y un puñado más para decorar)
• Una cucharadita de stevia (opcional)
• Un par de gotitas de esencia de vainilla (opcional)

NUTRICIÓN

Cada ración contiene:
110,5 kcal / 4,3gr HC

Galletas de avena y pasas

Preparación
15 minutos

Cocción
15 minutos

Rendimiento
30 galletas

Raciones
15 personas

INGREDIENTES

- 150gr de harina
- 150gr de copos de avena
- 85gr de mantequilla
- 1 huevo M
- 15gr de stevia
- 1 cucharadita de aceite
- 1 cucharada de levadura
- 1 cucharadita de vainilla
- Una pizca de sal
- Un puñado de uvas pasas

NUTRICIÓN
Cada ración contiene:
126,39 kcal / 11,71gr HC

INSTRUCCIONES

Fundimos la mantequilla al microondas o a fuego medio, y la ponemos en un bol junto con la stevia. Mezclamos bien. Añadimos un huevo, la vainilla, el aceite y la pizca de sal, y lo mezclamos para que se integre todo. Añadimos la harina, la avena y la levadura, y amasamos hasta que tengamos una pasta homogénea y consistente. Echamos las pasas, y volvemos a amasar hata que queden bien repartidas por toda la masa.

Cubrimos la bandeja del horno con papel de horno y encendemos el horno a 180º para que se vaya precalentando. Hacemos bolas con la masa, y moldeamos galletas de aproximadamente unos 4cm de diámetro.

Colocamos las galletas sobre el papel de cocina, con una separación de por lo menos dos dedos entre cada galleta. Horneamos 15min a 180º. Dejamos enfriar y servimos.

Galletas de chocolate blanco

Cocción
12 minutos

Rendimiento
40 galletas

Raciones
20 personas

INSTRUCCIONES

En un bol, mezclamos la mantequilla con la stevia, con las manos, hasta que quede una pasta bien integrada. Añadimos los huevos uno a uno, mezclando bien con unas varillas, así como la vainilla, la harina y la levadura poco a poco, y amasamos con las manos. Añadimos el chocolate troceado, en trozos pequeños, y lo mezclamos bien para que esté bien repartido por toda la masa.

Cuando tengamos una masa uniforme, la ponemos sobre una superfície enharinada (la encimera por ejemplo), y la estiramos con un rodillo, hasta que tenga unos 7-8mm de grosor. Con un molde (o un vaso), cortamos las galletas, o hacemos bolas con las manos y las aplastamos un poco.

Precalentamos el horno a 180º durante unos 10min. Colocamos las galletas sobre papel de cocina en una bandeja de horno, y horneamos durante unos 10-12 min a 180º. Dejamos enfriar y servimos.

INGREDIENTES

• 250gr de harina
• 200gr de mantequilla
• 180gr de chocolate blanco
• 2 huevos M
• 25gr de stevia
• 1 cucharadita de levadura en polvo
• 1 cucharadita de esencia de vainilla

NUTRICIÓN

Cada galleta contiene:
84,13 kcal / 6,30gr HC

Galletas de mantequilla

Preparación
30 minutos

Cocción
12 minutos

Rendimiento
30 galletas

Raciones
15 personas

INGREDIENTES

• 150gr de mantequilla
• 250gr de harina
• 1 huevo M/L
• 15gr de stevia
• 1 cucharadita de esencia de vainilla
• La punta de una cucharadita de levadura el polvo
• Una pizca de sal

NUTRICIÓN
Cada ración contiene:
105,42 kcal / 8,97gr HC

INSTRUCCIONES

En un bol, mezclamos la mantequilla fundida con la stevia, y batimos bien. Añadimos el huevo y la esencia de vainilla, y seguimos batiendo hasta que aclare un poco (serán un par de minutillos). Incorporamos la harina, la levadura y una pizca de sal, y amasamos con las manos, haciendo una bola. Cubrimos la bola en papel film y la guardamos en la nevera durante unos 20-30min.

Pasado este tiempo, encendemos el horno a 180º para que se vaya calentando mientras damos forma a las galletas. Ponemos la masa entre dos trozos de papel de horno, y aplanamos con un rodillo. Cortamos las galletas con un cortador o un vaso, y las colocamos en la bandeja del horno dejando unos 3 dedos de separación entre cada galleta. También podemos darle la forma que más nos guste con las manos, haciendo bolas y aplastándolas. Horneamos durante unos 12min a 180º, dejamos enfriar y servimos.

Galletas de naranja y chocolate

	Preparación		Cocción		Rendimiento		Raciones
	25 minutos		12 minutos		30 galletas		15 personas

INSTRUCCIONES

En un bol, mezclamos los ingredientes de la masa de naranja, con la mantequilla fundida, hasta que quede una masa compacta y homogénea. En otro bol, hacemos lo mismo con los ingredientes de la masa de chocolate, y fundiendo la mantequilla.

Cogemos las masas hechas una bola, las envolvemos en un poco de film, y reservamos en la nevera durante 30min. Las extendemos bien con la ayuda de un rodillo. Colocamos una masa encima de la otra y cortamos con el cuchillo por la mitad, horizontalmente, de manera que tendremos dos rectangulitos de pastas. Enrollamos cada uno de los rectángulos con cuidado, hasta que obtengamos dos cilindros. Los enrollamos en papel film, los dejamos en la nevera unos 20-30min, y mientras vamos precalentando el horno a 180º. Cortamos las galletas perpendicularmente al cilindro. Las colocamos en la bandeja sobre papel de horno y horneamos 12-15min. Dejamos enfriar y servimos.

INGREDIENTES

MASA DE NARANJA:
• 125g de mantequilla
• 25g de stevia
• 175gr de harina
• La ralladura de una naranja

MASA DE CHOCOLATE:
• 125g de mantequilla
• 25g de stevia
• 130g de harina
• 50g de chocolate en polvo

NUTRICIÓN
Cada ración contiene:
142,78 kcal / 16,63gr HC

Galletas florentinas

Preparación
20 minutos

Cocción
15 minutos

Rendimiento
20 galletas

Raciones
10 personas

INGREDIENTES

• 90ml de nata para montar
• 10gr de mantequilla light
• 1 cucharada de stevia
• 150gr de almendras troceadas
• 125gr de chocolate sin azúcar (negro/con leche... el que más te guste)

NUTRICIÓN
Cada ración contiene:
79,31 kcal / 4,57gr HC

INSTRUCCIONES

En un cazo a fuego medio-alto, ponemos la nata líquida junto con la mantequilla y la stevia/sucralosa. Removemos constantemente hasta que la mantequilla se haya fundido y esté todo bien integrado.

Cuando rompa a hervir, apagamos el fuego y añadimos las almendras troceadas. Mezclamos bien y dejamos enfriar unos 10-15min, para que se endurezca un poco la mezcla y sea más manejable. Mientras se enfría, podemos encender el horno a 180º para que se vaya precalentando.

Ponemos papel de horno sobre la bandeja, y ponemos bolitas de masa encima, con la ayuda de un par de cucharillas. Dejad espacio entre galleta y galleta, porque al hornear la masa se esparce y se pegarán si están demasiado cerca. Horneamos las galletas durante 12-13min a 180º, hasta que estén bien doraditas.

A mí me ha dado para dos horneadas de galletas de unos 6-7cm de diámetro. Si queréis que os queden perfectamente redondas en lugar de así rústicas (que están igual de ricas, eh), podéis cortarlas con un cortador circular nada más sacarlas del horno, cuando aún están calientes (si esperas, ¡habrán endurecido!).

Fundimos el chocolate al baño maría o al microondas, y pintamos las galletas florentinas con la ayuda de un pincel de cocina o una brocha (las de silicona sirven también). Como os decía antes, si no queréis poner chocolate en toda la galleta, también podéis esparcir un poco por encima.

Dejamos las galletas en la nevera durante una hora para que el chocolate se endurezca bien, sin que se toquen unas con otras. Servimos frías.

TIPS

Aunque se conservan bastante bien unos días, es mejor consumirlas el mismo día, para que estén bien crujientes. Para que quede bien la pasta de nata/almendras, la clave está en hacerlo con cariño y sin prisa, hasta que veas que espese. También puedes usar almendra molida si no la tienes picada.

Mini croissants de chocolate

Preparación
10 minutos

Cocción
12 minutos

Rendimiento
12 croissants

Raciones
12 personas

INGREDIENTES

• 1 lámina de hojaldre (redonda)
• 12 trocitos de chocolate sin azúcar
• Una cucharadita de stevia
• Una cucharadita de agua

NUTRICIÓN

Cada croissant contiene:
84,1kcal / 7,6gr HC

INSTRUCCIONES

Precalentamos el horno a 180º. Con un cuchillo, cortamos la masa en 12 triángulos. Hacemos dos cortes perpendiculares (uno vertical y uno horizontal, y luego dividimos cada cuarto en 3 trozos más o menos iguales. Colocamos un trozo de chocolate (una onza) en la parte ancha de cada triángulo, dejando un poco de margen. Yo he hecho 6 de chocolate negro y 6 de chocolate blanco. Enrollamos los triángulos desde la parte ancha hasta la punta. Puedes hacerle los brazos del croissant doblando un poco las puntas hacia abajo con los dedos.

Ponemos los croissants sobre papel de cocina (papel manteca) en una bandeja de horno, y los pintamos con un poco de almíbar que conseguiremos mezclando una cucharadita de stevia con una de agua. Yo además he tirado unos fideos de chocolate sobre los croissants de chocolate negro para diferenciarlos una vez horneados. Horneamos durante unos 10-15min a 180º, hasta que estén doraditos. Servimos.

Palmeritas o lentes

Preparación	Cocción	Rendimiento	Raciones
5 minutos	15 minutos	16 palmeritas	8 personas

INSTRUCCIONES

Precalentamos el horno a 180º. Doblamos la lámina de hojaldre hacia adentro, de derecha al centro y de izquierda al centro. Volvemos a doblar, y juntamos los dos lados por el centro. Cortamos el tubo de hojaldre que tenemos en trozos de 1cm aproximadamente. Los colocamos sobre papel de horno en la bandeja del horno, planos, apretando con los dedos la parte central-abajo y separando un poco las puntas de arriba. Eso sí, la parte central tiene que estar bien pegada o se abrirán.

Cubrimos las palmeritas con un poco de almíbar, que habremos preparado mezclando una cucharadita de stevia y una cucharadita de agua. Pincelamos bien, y al final puedes espolvorear también un poco de stevia.

Horneamos durante unos 15min a 180º, hasta que las veamos doraditas (vé controlándolas). Dejamos enfriar y servimos.

INGREDIENTES

• 1 lámina de hojaldre rectangular
• Stevia + agua (para el almíbar)

NUTRICIÓN
Cada palmerita contiene:
70,86 kcal / 6,67gr HC

Leche frita al horno

Preparación
40 minutos

Cocción
20 minutos

Rendimiento
12 porciones

Raciones
12 personas

INGREDIENTES

• 400ml de leche desnatada
• 15gr de stevia
• 35gr de harina de maíz (maizena)
• Una cucharadita de vainilla
• Una cucharita de café de canela
• La piel de medio limón
• Para el rebozado, un huevo y harina

NUTRICIÓN
Cada ración contiene:
47,26 kcal / 4,61gr HC

INSTRUCCIONES

En un cazo, ponemos a fuego alto 300ml de leche junto con la piel del limón, la vainilla, la canela y la stevia. Lo llevamos a ebullición, removiendo siempre. Cuando hierva, apartamos el cazo del fuego y le ponemos una tapa encima. Dejamos infusionar durante 15 minutos.

En un bol, mezclamos la maizena con el resto de la leche (100ml). Volvemos a poner el cazo con la mezcla de leche y el resto de ingredientes en el fuego. Retiramos la piel del limón, y añadimos la mezcla que acabamos de hacer con leche y maizena. Removemos constantemente con el fuego lo más bajo posible, hasta que espese. Retiramos del fuego y la servimos en un recipiente rectangular. Ponemos papel film en la superficie y guardamos 4h en la nevera. Cortamos la leche en cuadrados y rebozamos (pasando primero por harina y luego huevo batido). Horneamos a 220º por arriba durante unos 12-15min hasta que se doren, les damos la vuelta y horneamos 12min más. Decoramos y servimos.

Panna cotta italiana

Preparación
5 minutos

Cocción
10 minutos

Rendimiento
525ml

Raciones
5 personas

INSTRUCCIONES

Ponemos la leche y la nata en un cazo a fuego lento y vamos removiendo hasta que hierva.

Una vez la leche haya empezado a hervir, añadimos la stevia y la gelatina, y seguimos removiendo bien durante unos diez minutos, hasta que quede una masa homogénea y sin grumitos.

Cuando ya la tengamos, la repartiremos en los recipientes que más nos gusten.

Dejamos enfriar en la nevera un mínimo de 4h.

Decoramos con chocolate, mermelda, coulis de frutos rojos... y servimos.

INGREDIENTES

• 500ml de nata líquida
• 125ml de leche desnatada
• 1 sobre de gelatina neutra en polvo
• 10gr de stevia

NUTRICIÓN
Cada ración contiene:
344,25 kcal / 4,27gr HC

Mermelada de fresa

Preparación
10 minutos

Cocción
50 minutos

Rendimiento
500gr

Raciones
12 personas

INGREDIENTES

• 500gr de fresas
• 1/2 vaso de agua (140ml)
• 15gr de stevia (o al gusto)
• Una pizca de agar agar o gelatina neutra en polvo

NUTRICIÓN

Cada ración contiene:
54 kcal / 8,2gr HC

INSTRUCCIONES

Lavamos y troceamos las fresas. Las ponemos en un cazo junto con el agua a fuego medio, y vamos removiendo durante unos 20min, para que se vayan ablandando.

Añadimos la stevia, y seguimos removiendo 25min más. Si nos queda demasiado líquida, podemos añadir una pizca de agar agar o gelatina neutra. Al ser un gelificante, ayudará a que la mermelada coja consistencia.

Cuando ya tengamos la textura deseada, homogénea y sin trozos grandes, la apartamos del fuego y la dejamos enfriar durante 20min. Es importante que no la sirvamos caliente en los recipientes donde la queramos guardar si éstos son de cristal, ya que podrían petar/romperse por el cambio de temperatura. Servimos y degustamos.

Mermelada de naranja

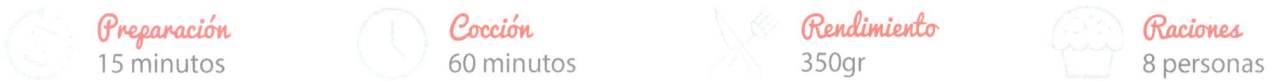

Preparación
15 minutos

Cocción
60 minutos

Rendimiento
350gr

Raciones
8 personas

INSTRUCCIONES

Empezamos lavando y pelando las naranjas (reservamos la piel para un uso posterior). Las troceamos y las ponemos en el cazo donde cocinaremos la mermelada de naranja. Ahora, cortamos la corteza a tiritas, las incorporamos en el cazo y las ponemos a fuego suave durante 40 minutos.

Mezclamos todo, con el edulcorante y el zumo de limón (sin retirar del fuego), retiramos las cáscaras y dejamos que la mermelada se cocine durante otros 10 minutos o hasta que veamos que nuestra confitura casera empieza a adquirir una textura más espesa.

Removemos nuestra confitura de naranja cada cierto tiempo con una cuchara de madera hasta que tenga la textura que nos guste. Cuanto más tiempo la dejemos, más reducirá y más espesa será. Apartamos la mermelada de naranja del fuego, y dejamos enfriar durante 10 minutos.

INGREDIENTES

• 1kg de naranjas
• Zumo de limón (aproximadamente un vaso)
• Dos cucharaditas de stevia en polvo / 8-10 gotas de stevia líquida

NUTRICIÓN
Cada ración contiene:
53,8 kcal / 1,36gr HC

Coulant de dos chocolates

Preparación
20 minutos

Cocción
20 minutos

Rendimiento
6 coulants

Raciones
6 personas

INGREDIENTES

• 8 onzas de chocolate sin azúcar para fundir (unos 225gr)
• 12 onzas de chocolate blanco sin azúcares añadidos (2 por coulant)
• 50 gr de mantequilla
• 2 huevos medianos
• 1 cucharada de harina
• 25gr de stevia

NUTRICIÓN

Cada coulant contiene:
298,26 kcal / 18,8 gr HC

INSTRUCCIONES

En un bol, batimos bien los huevos. Fundimos el chocolate junto con la mantequilla (yo lo hago a fuego lento, pero lo podéis hacer en el microondas a golpes de 30s, parando para remover), lo ponemos en un bol, añadimos la harina y la stevia y lo mezclamos bien.

Agregamos la mezcla a los huevos y volvemos a mezclar. Una vez tengamos una mezcla homogénea, la vertemos en los moldes (previamente engrasados con un poco de mantequilla) hasta la mitad aproximadamente. Con cuidado, colocamos dos onzas de chocolate blanco en el centro de cada coulant, y cubrimos con el resto de la masa.

Horneamos durante unos 12 minutos a 180º (con el horno previamente precalentado). El tiempo puede variar según el horno, pero verás que están listos cuando el centro se empiece a inflar, como una magdalena. Dejamos enfriar durante unos 15min, y desmoldamos con cuidado.

44

Cupcakes de vainilla

Preparación
30 minutos

Cocción
15 minutos

Rendimiento
6 cupcakes

Raciones
6 personas

INSTRUCCIONES

Encendemos el horno a 180º. Mezclamos en un bol la yema del huevo (reservamos la clara en otro recipiente) junto con la mantequilla fundida, la vainilla, el aceite y la stevia, batiendo bien. Añadimos la levadura, la harina y una pizca de sal, y volvemos a mezclar. Montamos la clara y la añadimos a la mezcla con movimientos envolventes.

Repartimos la mezcla entre 6 moldes para cupcakes o magdalenas, con el papelito puesto. Horneamos los cupcakes durante unos 12-15min, hasta que los veamos dorados. Reservamos. Mezclamos en un bol el queso philadelphia frío junto con la mantequilla en pomada a temperatura ambiente, la stevia y la vainilla, hasta que consigamos una pasta homogénea, bien mezclada. Ponemos el frosting en una manga pastelera con la boquilla que más nos guste, y lo ponemos sobre los cupcakes haciendo círculos desde el centro del cupcake hacia fuera, presionando la manga con cuidado. Decoramos y servimos.

INGREDIENTES

- 50gr de harina
- 50gr de mantequilla
- 1 huevo M
- 10gr de stevia
- 5gr de levadura en polvo
- Una cucharadita de aceite
- Una cucharadita de vainilla
- 120gr de queso de untar
- 60gr de mantequilla
- Una cucharadita de stevia
- Unas gotas de vainilla

NUTRICIÓN
Cada cupcake contiene:
208,17 kcal / 5,8 gr HC

Crema pastelera

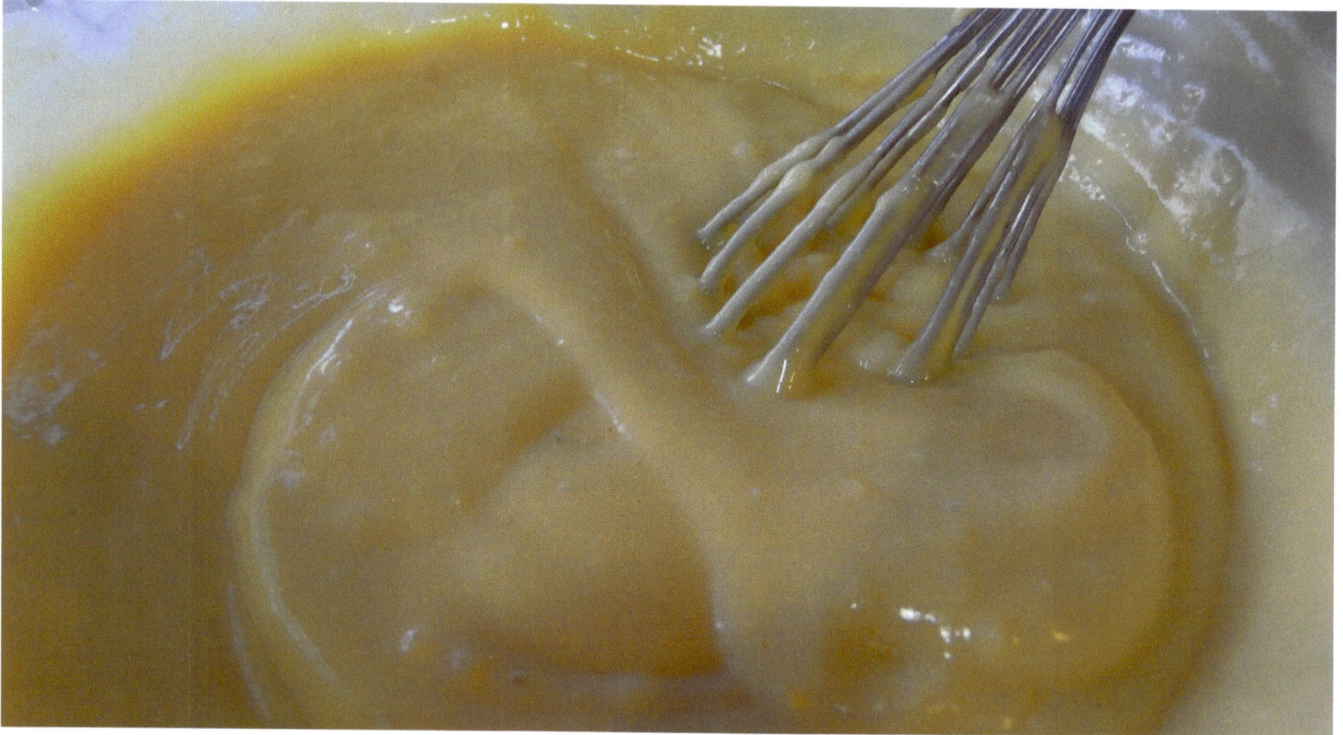

Preparación
10 minutos

Cocción
25 minutos

Rendimiento
700gr

Raciones
s/c

INGREDIENTES

• 500 ml de leche desnatada
• 4 yemas de huevo
• 1 cucharada sopera de stevia
• 40gr de harina de maíz
• 1 cucharadita de esencia de vainilla
• Canela en polvo (al gusto)
• Una monda de piel de limón

NUTRICIÓN
Cada 30gr, contiene:
23,73 kcal / 2,79 gr HC

INSTRUCCIONES

Calentamos la leche (sin que llegue a hervir) con la monda de piel de limón o de naranja y la canela en polvo. Retiramos y dejamos enfriar.

En un bol, batimos las yemas con el edulcorante líquido y la vainilla, y luego incorporamos la maizena y lo mezclamos bien. Con ayuda de un colador, vertemos la leche (ya tibia) sobre las yemas (con cuidado de no cuajarlas) y batimos bien. Calentamos la crema que acabamos de preparar en el bol a fuego lento mientras removemos constantemente. Poco a poco, irá espesando. Cuando adquiera la consistencia deseada (espesa), la retiramos del fuego.

La dejamos enfriar a temperatura ambiente y cuando esté tibia, la removemos y le repartimos canela en polvo por encima. La tapamos por encima con papel film para evitar que se estropee. Guardamos en la nevera o utilizamos en algún postre (tarta de manzana, éclairs...).

Natillas de chocolate

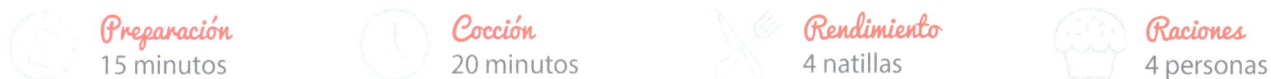

Preparación
15 minutos

Cocción
20 minutos

Rendimiento
4 natillas

Raciones
4 personas

INSTRUCCIONES

En un bol, mezclamos el chocolate en polvo con la stevia, la harina tamizada y una pizca de sal, hasta que consigamos un polvo homogéneo. Añadimos la leche, y mezclamos bien disolviendo la harina para que no queden grumos, con cuidado de que no se pegue al fondo del bol.

Ponemos la mezcla en un cazo a fuego medio. Tiene que quedarnos una crema homogénea. Para ello, removemos sin parar para que se cocine bien la harina, y poco a poco irá espesando. Cuando haya espesado (textura de crema), añadimos la nata líquida a temperatura ambiente y el chocolate troceado, y removemos. Opcionalmente, podemos añadir también un poquito de esencia de vainilla.

Una vez tengamos las natillas ya con la consistencia deseada, servimos la mezcla en vasitos y dejamos enfriar en la nevera por lo menos una hora. Servimos las natillas frías o conservamos en la nevera.

INGREDIENTES

• 25gr de harina de maíz
• 1 cucharada de stevia
• 25gr de chocolate en polvo sin gluten
• Una pizca de sal
• 500ml de leche desnatada
• 45ml de nata líquida
• 30gr de chocolate para fundir
• 1 cucharadita de té de esencia de vainilla (opcional)

NUTRICIÓN
Cada ración contiene:
157,7 kcal / 14,4gr HC

Mousse de café

Preparación
35 minutos

Cocción
5 minutos

Rendimiento
5 mousses

Raciones
5 personas

INGREDIENTES

• 3 huevos M
• 200ml de nata líquida para montar
• 150ml de café (el que más te guste: de cafetera o soluble con leche + 2 cucharadas)
• 15gr de stevia (o al gusto)
• Unas onzas de chocolate sin azúcar para decorar

NUTRICIÓN
Cada ración contiene:
276,86 kcal / 2,56gr HC

INSTRUCCIONES

Separamos las claras de las yemas, reservamos las claras, y batimos las yemas en un bol junto con la stevia. Ponemos las yemas en un cazo a fuego medio junto con el café ya preparado, y vamos removiendo para evitar que se cuajen los huevos o que nos salgan grumos. Una vez tengamos una mezcla bien homogénea, cremosita, apartamos del fuego y dejamos enfriar. Lo tendremos en total unos 5 minutos al fuego, para que se cocinen los huevos.

En un bol, montamos la nata bien fría, o bien batiendo con varillas o con unas varillas eléctricas. Yo os recomiendo usar la eléctrica si no queréis que se os acabe cayendo el brazo, porque además con la eléctrica acabaremos en unos 5 minutillos.

Batimos mucho la mezcla de café, que estará ya templada-fría, para que tenga muchas burbujitas y esa textura de mousse que os comentaba.

La añadimos al bol de la nata montada con una espátula y movimientos envolventes para no romper las burbujas y que no baje.

Montamos las claras de huevo (MUY bien montadas) y las añadimos al bol de la misma manera, con movimientos de fuera hacia dentro. La mezcla quedará espumosa, con muchas burbujitas repartidas por igual por toda la mezcla.

Servimos en copas, vasos o los recipientes que queráis usar, y a la nevera. Por lo menos tiene que estar 6 horas para que cuaje bien, pero siempre es mejor dejarlo de un día para otro. Servimos el postre bien frío.

TIPS

También podemos decorar con un poco de chocolate. Para que quede como en la foto, lo suyo es fundir en el micro un poco de chocolate, hacer garabatos sobre papel de horno, y guardarlo en la nevera para que se solidifique. Luego lo clavamos en la mousse, ¡y voilà!

Además, al comerlo iremos rompiendo el chocolate con la cuchara y le dará un toque muy rico a la mousse.

Mini tarta Sacher

Preparación
30 minutos

Cocción
30 minutos

Rendimiento
9 tartitas

Raciones
9 personas

INGREDIENTES

- 4 huevos M
- 100ml de leche desnatada
- 100gr de mantequilla
- 25gr de stevia (al gusto)
- 110gr de harina
- 50gr de chocolate en polvo
- 10gr de levadura
- Mermelada
- 50gr de chocolate
- 50gr de nata para montar

NUTRICIÓN
Cada mini tarta contiene:
215,18 kcal / 9,18gr HC

INSTRUCCIONES

Separamos las yemas de las claras en dos bols, y batimos las yemas junto con la stevia, la mantequilla derretida y la leche. Añadimos la harina, la levadura en polvo y una pizca de sal y volvemos a batir bien. Montamos las claras en el otro bol, y las añadimos poco a poco a la mezcla que tenemos, haciendo movimientos envolventes. Añadimos el chocolate, y volvemos a mezclar hasta que quede una crema homogénea.

Vertemos la mezcla en un molde de unos 20x20cm previamente engrasado con un poco de mantequilla, y horneamos a 180º durante 30min. Lo sacamos y dejamos enfriar durante por lo menos 20min. Lo cortamos en porciones con un cortador, lo abrimos por la mitad con un cuchillo liso y untamos mermelada. Tapamos con la mitad superior. Acabaremos cubriéndolo con una capa finita de crema de chocolate, que conseguiremos mezclando en un cazo a fuego medio el chocolate con la nata, y decoramos con una frambuesita.

Mona de Pascua

Preparación	**Cocción**	**Rendimiento**	**Raciones**
30 minutos	30 minutos	1 pastel	16 personas

INSTRUCCIONES

Precalentamos el horno a 180º. En un bol, batimos las yemas de los huevos con la stevia (o sucralosa) y la ralladura de limón. En otro bol, montamos las claras a punto de nieve y reservamos. Añadimos al bol de las yemas la harina tamizada, la levadura y una pizquita de sal, y mezclamos. Añadimos las claras montadas y lo integramos todo bien con movimientos envolventes. Engrasamos un molde redondo y vertimos la masa. Horneamos durante unos 30 minutos a 180º, hasta que clavemos un palillo y salga limpio. Si al sacarlo del horno está abultado, dale la vuelta y se aplanará. Dejamos enfriar 20 minutos, y desmoldamos.

Preparamos un glaseado mezclando 4 cucharadas de azúcar glass sin azúcar con una de agua, y lo pincelamos por encima del bizcocho. Decoramos al gusto, típicamente con plumas y pollitos.

Este bizcocho es ideal como bizcocho base para tartas y otras recetas.

INGREDIENTES

• 150gr de harina
• 6 huevos M
• 2 cucharadas de stevia
• 1 sobre de levadura – 16gr
• Ralladura de piel de limón
• Una pizca de sal
• Mantequilla
• Azúcar glass sin azúcar + agua para glasear
• Chocolate o decoraciones

NUTRICIÓN
Cada ración contiene:
192 kcal / 9,13gr HC

Pastelitos de crema y moras

Preparación
45 minutos

Cocción
20 minutos

Rendimiento
9 pastelitos

Raciones
9 personas

INGREDIENTES

PARA EL BIZCOCHO:
• 50gr de harina
• 1 huevo M
• 40gr de mantequilla
• 5gr de levadura
• 10gr de stevia
• Una cucharadita de aceite
• Unas gotes de vainilla
PARA LA CREMA :
• 3 yemas de huevo
• 500ml de leche desnatada
• 40gr de maicena
• 1 y 1/2 cucharadita de vainilla
• 1 cucharada rasa de stevia
• 3 hojas de gelatina neutra

NUTRICIÓN

Cada pastelito contiene:
130,42 kcal / 9,35 gr HC

INSTRUCCIONES

Primero prepararemos el bizcocho de moras de la base. Para ello, batimos el huevo junto con la stevia y la vainilla. Añadimos la mantequilla fundida, la harina, la levadura y la vainilla, mezclamos, y por último agregamos las moras lavaditas y troceadas. Mezclamos hasta que tengamos una mezcla bien integrada. Servimos la mezcla en moldes de silicona. Horneamos a 180º durante 10min (previamente habremos precalentado el horno). Reservamos.

Preparamos la crema pastelera, calentando en un cazo a fuego lento las yemas de los huevos junto con la vainilla, la leche y la stevia. En un bol, mezclamos un chorrito de leche con la maizena y lo añadimos a la mezcla que tenemos en el fuego. Cuando la crema haya espesado lo suficiente, añadiremos la gelatina hidratada e integraremos bien. Ponemos la crema en una manga pastelera y la servimos encima de los bizcochos. Dejamos enfriar 3h en la nevera, desmoldamos y servimos.

Tarta de crema y frutas

Preparación	Cocción	Rendimiento	Raciones
25 minutos	15 minutos	1 tarta	9 personas

INSTRUCCIONES

Cortamos la lámina de hojaldre por la mitad, la ponemos sobre papel de horno, y pinchamos con un tenedor toda la masa, cada centímetro o centímetro y medio. Horneamos durante 10-15min a 180º, hasta que veamos que se dora.

Preparamos la crema pastelera, mezclando en un cazo a fuego medio las yemas con la leche, la stevia, la vainilla y la maicena tamizada. Removeremos durante unos 15-20min sin parar, hasta que veamos que los huevos se cocinan y va espesando. Agregamos la gelatina y seguimos removiendo. Apartamos del fuego y dejamos enfriar completamente. Ponemos la crema en una manga pastelera, y la ponemos sobre la masa con cuidado de dejar un dedo de margen. Pelamos y cortamos la fruta (y lavamos, en el caso de las fresas), y las disponemos en la tarta como más nos guste. Cubrimos pincelando con un poco de almíbar por encima, con agua y stevia a partes iguales.

INGREDIENTES

• 1/2 lámina de hojaldre rectangular
• 250ml de leche
• 2 yemas de huevo
• 1 cucharadita de vainilla
• 1 cucharadita colmada de stevia granulada
• 1 cucharada de maicena
• 3 hojas de gelatina neutra
• 3 fresas, 1/2 plátano y 1 kiwi

NUTRICIÓN

Cada ración contiene:
127,8 kcal / 13,64gr HC

Tarta de queso

Preparación
40 minutos

Cocción
60 minutos

Rendimiento
1 tarta

Raciones
16 personas

INGREDIENTES

- 250gr de galletas integrales
- 90gr de mantequilla
- 700gr de queso crema
- 2 yogures naturales
- 2 huevos M/L
- 2 cucharadas de stevia
- 1 cucharadita de vainilla
PARA LA CONFITURA:
- 300gr de mermelada de fresa, 3-4 cucharadas de agua, 1 cucharadita de gelatina neutra, 5 fresas

NUTRICIÓN

Cada ración contiene:
297 kcal / 14,97gr HC

INSTRUCCIONES

Precalentamos el horno a 170º. Preparamos la base picando las galletas hasta que sean un polvito grueso y mezclándolas con la mantequilla fundida. Colocamos esta pasta en el fondo de un molde redondo, de estos que se desmoldan a través de una apertura en el lateral, presionando un poco con la lengua de gato.

Preparamos el relleno mezclando el queso, los yogures, los huevos, el edulcorante, y la vainilla. Ponemos todos los ingredientes en un bol, y batimos con la batidora eléctrica. Vertemos la masa sobre la pasta de galletas en el molde y horneamos a 165º durante unos 50 minutos. Preparamos la confitura, mezclando en un cazo a fuego medio la mermelada con un chorrito de agua. Removemos durante unos 10 minutos. Añadimos la gelatina, y seguimos removiendo. Dejamos enfriar, la vertemos sobre la tarta y colocamos las fresas. Dejamos enfriar la tarta 3 horas en la nevera. Desmoldamos y servimos.

Torta de ricota

Preparación	Cocción	Rendimiento	Raciones
30 minutos	40 minutos	1 torta	14 personas

INSTRUCCIONES

En un bol, batimos la mantequilla fundida junto con el huevo, el azúcar glass, la sal, y la ralladura de limón. Añadimos la harina y la levadura tamizadas, mezclamos bien, y formamos una bola. La cubrimos con papel film, y la guardamos en la nevera mientras preparamos el relleno.

Para el relleno, batimos las yemas con la stevia, la vainilla y la ralladura de limón, agregamos la ricota, batimos bien, y añadimos la maicena tamizada. Reservamos, y vamos precalentando el horno a 170º. Apartamos un trozo de la masa de bola, amasamos sobre papel de cocina con un rodillo, y recortamos un círculo usando de guía el molde o tartera que vayamos a usar (esto será la tapa). Colocamos el resto de la masa en el molde, presionando con las manos por todas partes, vertemos el relleno dentro, y tapamos con la tapa circular que hemos hecho, presionando en los bordes superiores para cerrarla. Horneamos a 170º durante 40 minutos y dejamos enfriar 2h en la nevera. Desmoldamos y servimos.

INGREDIENTES

- 200gr de harina
- 100gr de mantequilla
- 1 huevo M
- 5gr de levadura
- 50gr de azúcar glass
- Ralladura de limón
- PARA EL RELLENO:
- 250gr de queso ricota
- 2 yemas de huevo
- Una cucharada de stevia
- 10gr de harina de maíz
- 1 cucharadita de vainilla
- Ralladura de limón

NUTRICIÓN

Cada ración contiene:
150,32 kcal / 11,75 gr HC

Tarta de queso y chocolate blanco

Preparación
50 minutos

Cocción
0 minutos

Rendimiento
1 pastel

Raciones
24 personas

INGREDIENTES

• 1 bizcocho base (podéis usar el de la mona de Pascua)
• 500gr de queso crema
• 200ml de nata para montar baja en grasas
• 2 tabletas de chocolate blanco sin azúcar (100gr por tableta)
• Una cucharada de stevia
• Frutos rojos para decorar

NUTRICIÓN

Cada ración contiene:
225,43 kcal / 9,3gr HC

INSTRUCCIONES

Lo primero es tener el bizcocho listo, un bizcocho redondo, sin azúcar, y cortado en tres láminas horizontales. Si no lo tenéis, podéis hacer el de la mona de Pascua.

Fundimos una de las tabletas de chocolate blanco en un cazo a fuego lento, con un poco de agua y sin parar de remover, para evitar que se queme. Reservamos. En un bol, batimos el queso frío con unas varillas eléctricas, para montarlo. Añadimos el chocolate blanco, y volvemos a batir hasta conseguir una masa cremosa y homogénea. En otro bol, montamos la nata bien fría y la añadimos al queso con una espátula.

Para evitar que el bizcocho esté seco, lo mojamos con un pincel y un almíbar que podemos hacer con agua y un poco de cualquier mermelada. Ponemos el relleno entre las capas de bizcocho, y cubrimos con la otra tableta de chocolate fundida. Decoramos y servimos.

Tarta de manzana

Preparación
30 minutos

Cocción
15 minutos

Rendimiento
1 tarta

Raciones
16 personas

INSTRUCCIONES

Preparamos la crema pastelera siguiendo el procedimiento de siempre y reservamos. Recuerda que, opcionalmente, puedes añadirle canela.

Precalentamos el horno a 200º. Pelamos las manzanas, las cortamos en gajos finos y reservamos. Cogemos el hojaldre y lo extendemos en el molde que queramos utilizar, en mi caso uno redondo de silicona (si tenéis hojaldre rectangular podéis cortar porciones rectangulares de la medida que queráis). Pinchamos la base con un tenedor para que la masa no suba cuando la metamos en el horno. Vertemos la crema encima del hojaldre de manera que cubra toda la superficie y colocamos los gajos de manzana encima de la crema. Pincelamos con una mezcla de mermelada y agua.

Horneamos unos 20-25 minutos a 200º hasta que se dore el hojaldre, vigilando para que no se queme. Desmoldamos y servimos.

INGREDIENTES

• 1 lámina de hojaldre redondo
• 4 manzanas
• 500ml de leche desnatada
• 3 yemas de huevo
• 15gr de stevia
• 1 cucharadita de vainilla
• 40gr de harina de maíz
• La piel de medio limón
• Mermelada al gusto

NUTRICIÓN
Cada ración contiene:
75,77 kcal / 9,32gr HC

Éclairs rellenos de crema

Preparación
45 minutos

Cocción
15 minutos

Rendimiento
24 éclairs

Raciones
24 personas

INGREDIENTES

- 75ml de agua
- 75ml de leche desnatada
- 80gr de harina
- 60gr de mantequilla
- 3 huevos M
- 1/2 cucharadita de café de stevia
- Una pizca de sal
- Crema pastelera
- 100gr de chocolate

NUTRICIÓN
Cada unidad contiene:
82,45kcal / 6,87gr HC

INSTRUCCIONES

Lo primero es hacer la crema pastelera según el procedimiento ya descrito, porque así se irá enfriando mientras hacemos los éclairs.

Ahora preparamos la masa de los éclairs. Ponemos un cacito a fuego medio-alto con el agua y la leche. Una vez bien mezclado, añadimos la mantequilla a temperatura ambiente, la stevia y la sal, y mezclamos hasta que la mantequilla esté bien fundida. Retiramos del fuego y añadimos los huevos batidos poco a poco, mezclando bien. Para que quede una masa más fina, pasamos un poco la batidora eléctrica. Colocamos la masa de los ecláirs y la crema en dos mangas pasteleras, con boquillas rizadas, y dejamos que la crema se siga enfriando. Precalentamos el horno a 180º. En la bandeja del horno, sobre papel de cocina, colocamos la masa de los éclairs haciendo churros con cuidado, dejando espacio entre uno y otro ya que en el horno crecerán. Horneamos a 180º durante 13-15min. Dejamos enfriar, pincelamos con chocolate fundido y servimos.

Profiteroles

	Preparación		Cocción		Rendimiento		Raciones
	20 minutos		35 minutos		10 profiteroles		5 personas

INSTRUCCIONES

Ponemos en un cazo a fuego medio el agua con la leche y la mantequilla, añadimos la stevia y una pizca de sal, y removemos hasta que la mantequilla se funda bien y quede una mezcla homogénea. Añadimos la harina y mezclamos bien. Apartamos del fuego y añadimos los huevos uno a uno, mezclando bien cada vez. Pasamos un poco la batidora para que la mezcla quede más fina. Colocamos la mezcla en una manga pastelera con una boquilla redonda, y dejamos enfriar unos 20min.

Encendemos el horno a 180º.En una bandeja de horno, sobre papel de cocina, vamos haciendo montoncitos en círculos, rellenando los profiteroles hacia el centro. Horneamos a 160º durante unos 30 minutos.

Ponemos la nata montada y endulzada en una manga con boquilla y rellenamos los profiteroles clavándola en la base y presionando hasta que se hinchen. Servimos o conservamos en la nevera.

INGREDIENTES

• 80ml de agua
• 100ml de leche
• 80gr de mantequilla
• 80gr de harina
• 3 huevos M
• Una cucharadita de stevia
• Una pizca de sal
• Nata muntada con stevia para el relleno

NUTRICIÓN

Cada profiterol contiene:
93,08 kcal / 3,14gr HC

www.ingramcontent.com/pod-product-compliance
Lightning Source LLC
Chambersburg PA
CBHW041426090426
42741CB00002B/49